簡単なのに華やかに！
発表会のコスチューム

子どもと作る かぶりもの & アイテム

著／片岡章彦

はじめに

子どもは、劇の取り組みを通して、自分が演じる役の気持ちに自らを重ね合わせながら、自らの内にある自分が湧き出るかのように、表出させます。その際に、今までに感じてきたものとは違う、自分のもっている力と価値に気付き、その自信の育みによって、自己肯定感を大きく高めます。
そのときに大切なことは、舞台上に立っているのは自分であり、自らが演じる登場人物でもあることを意識しながら、役になり切ることです。そのためには、保育者や仲間と十分に信頼関係が築かれている必要もありますが、自らの役に対する愛着と、役割に対する責任感をどれだけもつことができるのかも大切になります。
そのための方法の一つとして、劇で使用する衣装や道具作りに関わることは、役への愛着や自らの役割に対する責任感をもつことにつながるとともに、仲間と共に作り上げるという意識を高めることにもつながるでしょう。

CONTENTS

- 1　はじめに
- 5　本書の使い方

育ちにつながる劇と衣装作り

- 6　幼児期における劇の取り組みと子どもの育ち
- 8　子どもの劇の衣装や道具の意味
- 9　劇の衣装や道具を保育者と一緒に作る意味
- 10　子どもがやりたいときにすぐに取り組める環境づくりを
- 11　作った物が壊れてしまったら…

動物・架空の生き物

- 14　アレンジ自在★かぶりものの土台のバリエーション

同じ土台でも装飾を変えると別の動物に♪

ベルト　14

カチューシャ　14

四角ベルト　15

筒型帽　16

とんがり帽　16

カップ麺容器帽　17

深紙皿帽　17

紙袋帽　17

封筒帽　18

模造紙帽・新聞紙帽・クラフト紙帽　18

紙パックお面／紙パック帽　19

20 イヌ 	22 オオカミ 	24 サル 	26 ネコ 	28 ブタ
30 ウサギ 	32 ウマ 	34 ヤギ 	36 ヒツジ 	38 クマ
40 トラ 	42 タヌキ 	44 キツネ 	46 リス 	48 ライオン
50 ネズミ 	52 ウシ 	54 ニワトリ 	55 他のトリ 	57 ゾウ
58 ワニ 	60 カメ 	61 ヘビ 	62 海の生き物 	64 アリ 
65 ハチ 	66 チョウ 	67 カッパ 	68 ドラゴン 	70 オニ 

 72 しっぽ

かぶりものにプラスすると、更になり切れる♪

74	**人物・他**		
76	王子様・王様	王冠、剣・ベルト	
80	お姫様・女王様	ティアラ、アクセサリー、セプター、扇	
90	王子様&王様・お姫様&女王様　よりゴージャスにしたいときの+α	マント、サッシュ、セプター、椅子	
93	洋風の家来	上衣、やり、ラッパ	
94	お殿様	着物、冠、烏帽子、かみしも	
96	和風の家来	刀、さや、烏帽子、弓、矢、やり	
98	和風のお姫様	冠、扇、着物、髪飾り	
100	洋風のおじさん・おじいさん	銃、ベスト、杖	
101	洋風のおばさん・おばあさん	スカーフ、杖	
102	洋風の子ども	ベスト、ポシェット	
103	魔女	帽子、杖、マント	
104	海賊の船長・子分	海賊帽、海賊服、フック、ベスト、バンダナ、剣、バンド	
106	力持ち	はちまき、首飾り	
107	和風のおじいさん・おばあさん	手ぬぐい、羽織、杖、背負い子と柴、斧	
108	やまんば	かつら、着物、砥石・包丁	
109	神様・仙人	着物、かつら、杖	
110	自然（雨・雪・火・波）	雨、炎、吹雪、大波、静かに降る雪、迫る炎、雨の音	

本書の使い方

動物・架空の生き物

まずは土台を選びます。装飾の仕方は一例です。
本書のアイディアを参考にしながら、
子どもの発想を大切にして作ってみてください。

押さえたい特徴
子どもと特徴を確認して、その動物・架空の生き物らしくなるように作りましょう。

製作のポイント
接着に使用するものや、保育者がどこまで準備するのかなど、製作するときのポイントを紹介しています。

土台の種類です。作り方はP.14-19をご覧ください。

人物・他

劇遊びのお話によく登場する役柄を集め、
その役を象徴するアイテムを紹介しています。

好きなアイテムを作ってみよう♪
その人物を象徴するアイテムの中から、好きな物を選んで作ってみてください。

作り方の表記について

特に表記のない紙は、(色)画用紙	
貼る	切る
描く	裏返す

保育者が作るアイテムを示しています。

5

育ちにつながる劇と衣装作り

幼児期における劇の取り組みと子どもの育ち

園での劇の取り組みは、人生における貴重な経験

かつて小学校では、子どもたちが劇の練習を行ない発表する「学芸会」という行事が行なわれていました。しかし、現在では劇の取り組みを行なう小学校は珍しく、一方で、幼稚園や保育園の多くが、劇の取り組みを行なっています。つまり、子どもたちにとって園での劇の取り組みは、人生における最初で最後の演技になるかもしれないのです。そのように考えると、園での劇の取り組みは、子どもたちにとって本当に貴重な経験だといえます。

保育者との信頼関係が演技を支える

舞台に立って演じるためには、とても強い自信と安心感が必要です。それには、保育者との信頼関係が何よりも重要です。そのつながりが強いほど、人前で演じるというとても緊張する中で、思い切り自らの役を演じ、役割を全うすることができるのです。その緊張を乗り越え、やり遂げた経験は、自らに対する確かな自信を育み、自己肯定感を高めます。

登場人物になって、
気持ちや感情を捉えていく

　劇に取り組むにあたっては、単にお話の筋道をたどるだけではなく、登場人物の気持ちや感情を一つひとつ考え、丁寧に押さえていくことが大切です。そうすることで、子どもは登場人物の立場で気持ちや感情を捉えて、演技の中に取り入れていくようになります。まさに、舞台上では自分が演じる役になり切るのではなく、登場人物になっているのです。そのことによって、悲しい場面では本当に涙を流して泣いたり、悔しい場面では真剣に悔しがったり怒ったりする姿が見られることがあります。また、龍の背中に乗って空を飛ぶなど、実際にはありえないことであっても、子どもは登場人物になることでファンタジーの世界ならではの世界観を、劇の中で疑似体験することもできるのです。

劇の取り組みを通して、
友達関係が深まる

　子どもたちは、友達の台詞や動きを見聞きするうちに、自分の役よりも早く正確に、友達の役の台詞や動きを覚えることがよくあります。そのことによって、たとえば、友達が出番や台詞、動きなどを忘れてしまっていたときに、台詞や動きを教える姿が見られたり、お休みした子がいたときには、「私が代わりにやる！」と、代役をかってでて、その子の役を見事に演じて代役をこなしたりする姿が見られます。このように、劇の取り組みを通して支え合う中で、友達とのつながりや絆が深まっていきます。

子どもの劇の衣装や道具の意味

　子どもたちが劇で使用する衣装や道具には大きく二つの意味があります。

- **子どもが役になり切るため**
- **舞台上の子どもが何の役を演じているのかを保護者が容易に分かり、話の筋を追いやすくするため**

　一人ひとりが演じている役が、保護者にきちんと伝わることで、話の筋道を理解してより劇の話を楽しんでもらえることにつながります。そして、保護者が一人ひとりの役柄を理解することで、登場人物や話に対して感情移入して劇を見ることになり、劇の展開にドキドキしたり、時には感動して涙を流して泣いたりしながら、子どもの成長を強く感じることができるのです。

　そのことが、子どもが役や劇に対して一生懸命取り組む姿を保護者が具体的に褒めることにつながり、子どもは自信を育んでいくのです。

劇の衣装や道具を保育者と一緒に作る意味

役に対する意識や愛着の高まりを支える

　子どもが自分の役のお面や衣装、道具を作ることによって、自分の役に対する意識と愛着が高まります。その意識や愛着が高まることによって、よりなり切ろうとしたり、自分の出番が近づいてきたときに、自ら準備をしたりする自覚をもつことにつながり、劇の取り組みが主体的なものになります。

保育者がモデルになって

　お面や衣装、道具作りについて、やらされるのではなく、子どもが自ら作りたいと思えるようにする必要があります。保育者には、作っている姿が子どもたちにとって魅力があるものとして映るようなモデルになることが求められます。

　また、「これ何に見える?」「どうしたらもっと○○に見えるかな?」「ここってどうなっているのかな?」など、子どもたちに問い掛けて応答しながら、絵本の絵をよく見たり、ICTを活用して形や色、模様など、特徴を調べたりする必要があります。

子どもがやりたいときに
すぐに取り組める環境づくりを

　劇に取り組むときは大抵、時間的な余裕はあまりない状況だと思います。それでも子どもが作る時間、考える時間を保障するためにも、子どもが待つ時間がないようにしたいものです。子どもが「やりたい!」と思ったときにすぐにできるように、土台は作って置いておき、必要な素材や道具は揃えておくくらいの準備はしておいたほうがいいでしょう。本書では、動物のかぶりものには土台のパターンがあります。ぜひ参考にしてみてくださいね。

作った物が壊れてしまったら…

劇で道具を使っていたら折れたり破れたり、部品が取れたりすることもあります。そのような場合に可能であれば、子どもも一緒に修理屋さん（これもごっこ遊びにする）として修理に参加することで、直すことのおもしろみと、直ることの喜びを感じることとなり、劇の取り組みのおもしろさの一つになります。子どもでは直すのが難しい場合は、保育者が直している姿を見せることで、感謝の気持ちをもち、道具を運んだり使ったりするときに大切に扱うことにつながります。

子どもたちがお気に入りのアイテムを作って劇を楽しむことができますように

動物・架空の生き物

お話によく出てくる動物や架空の生き物を集めました。子どもの姿や保育室にある素材によって、基本の土台のパターンを選んでください。
紹介している製作は一つの例として参考にしながら、子ども自らのイメージで装飾できるようにしましょう。動物・架空の生き物の押さえておきたい特徴を意識して作ると、その動物・架空の生き物らしくなりますよ。

作り方の表記について

特に表記のない紙は、(色)画用紙

貼る ↷	切る ✂—
描く ✎	裏返す ↻

アレンジ自在★かぶりものの土台のバリエーション

動物のかぶりものを作るときに使える、土台のバリエーションを紹介します。
同じ土台でも装飾を変えるだけで、違う動物に大変身できますよ。

ベルト

細切りにした画用紙を輪にしてベルト状にします。

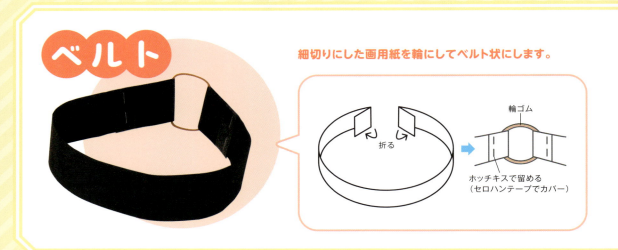

折る / 輪ゴム / ホッチキスで留める（セロハンテープでカバー）

カチューシャ

だ円の厚紙にゴムを付けます。

頭の上に耳があったほうが、より本物に近くなる場合に適しています。

ベルトの使い方

耳/おでこ/顔

耳のみ、または、おでこや顔を貼るだけでできあがり!

半立体

ベルトの左右に動物の顔を貼ると、半立体に。

紙皿リング

紙皿の中を切り抜いて、ベルトを片側ずつ付ければ完成!

裏返すと

四角ベルト

顔を描いたり耳を付けたりしたら、動物のできあがり!

細切りにした画用紙を18cm四方の四角形にし、向かいの辺をつなぐように、色画用紙をアーチ状に貼って完成です。

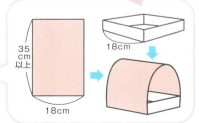

35cm以上

18cm

18cm

筒型帽

太めに切った色画用紙を円柱状にします。

直接顔を描いたり、耳を貼ったりしたら完成！

とんがり帽

色画用紙を円錐状にして、とんがり部分が前に出るように折ります。

とんがり部分を生かせる、鼻が特徴的な動物に最適！

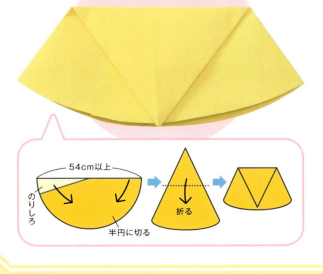

- 54cm以上
- のりしろ
- 半円に切る
- 折る

カップ麺容器帽

カップ麺容器の形を生かした帽子です。

新聞紙で包んで色付けしたり、ポリ袋で包んだりして装飾しましょう。

深紙皿帽

深紙皿の形を生かした浅めの帽子です。

直接接着したり、着色できたりする加工されたものがおすすめです。

紙袋帽

存在感のある被るお面や、袋の形を整えて帽子にします。

紙袋の角を折り込んで丸くすると帽子になります。

紙袋に色を塗ってから装飾してもいいですね。

封筒帽

封筒の袋の形を生かし、被るお面や帽子に。

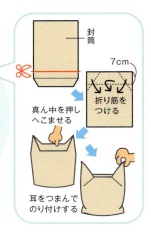

異素材を組み合わせると印象的に。

模造紙帽・新聞紙帽 クラフト紙帽

紙を折って作る帽子です。

色を塗ったり耳を付けたりします。

紙パックお面／紙パック帽

紙パックで作るので、とても丈夫です。

一つで作るとお面に

二つで作ると帽子に

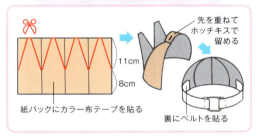

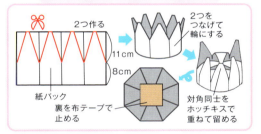

おでこにフィットします。　　　　　　すっぽり被れるので安定します。

イヌ

洋犬や和犬によって
柄や色味を変えてみましょう。

押さえたい特徴

- 長いor立った耳
- 鼻周り

製作のポイント
鼻の下に段ボール板を
挟むと、立体的になります。

🟠 ベルト (P.14)

耳を輪にして立体的に。

四角ベルトの横も飾ると個性が出ます♪

📙 四角ベルト (P.15)

アレンジ

耳の素材をフェルトにしたり、
紙コップを鼻にしたりすると
雰囲気が変わります。

耳の付け根に切り込みを入れ、重ねて貼ると立体的に。

 筒型帽 (P.16)

20

動物・架空の生き物 イヌ

紙パックやボトルキャップを使って存在感UP！

蛇腹の耳がかわいい！

ちぎった色画用紙を貼ると模様に！

アレンジ

模造紙帽 (P.18)

紙パック帽 (P.19)

封筒をリボンや色紙で装飾すると個性が出ます。

封筒帽 (P.18)

作り方

- スポンジスタンプ
- 色画用紙を貼った紙パック帽
- 1/4の長さに切った紙パックに画用紙を貼る
- マスキングテープ
- 色紙で包んだボトルキャップを木工用接着剤で貼る

オオカミ

グレーや茶色、水色などの色味の違いで雰囲気が変わります。

押さえたい特徴
- キリッとした目
- 突き出た鼻
- 牙

白いひげを付けるとオオカミに！

とんがり帽 (P.16)

耳に切り込みを入れるとオオカミらしく！

紙パック帽 (P.19)

紙コップで突き出た鼻に！

四角ベルト (P.15)

作り方

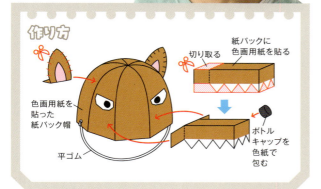

- 色画用紙を貼った紙パック帽
- 平ゴム
- 切り取る
- 紙パックに色画用紙を貼る
- ボトルキャップを色紙で包む

動物・架空の生き物 オオカミ

紙パックと厚紙で、鼻の突き出た丈夫な帽子に♪

発展 土台なし

切った茶色の色画用紙を貼って、毛並みを表現！

クラフト紙帽 (P.18)

片段ボールを使うとしっかりとした耳に。

ベルト (P.14)

23

動物・架空の生き物 サル

毛糸をぐるぐる巻いてサルの毛並みに。

紙皿に弾き絵をしてみましょう。

アレンジ

ベルト (P.14)

スズランテープがヒラヒラしてかわいい！

色画用紙の輪を耳にすると個性的！

製作のポイント
スズランテープは両面テープで貼りましょう。

封筒帽 (P.18)

ベルト (P.14)

25

ネコ

ひげをいろいろな素材で表現してみましょう。

押さえたい特徴: 三角形の耳、ひげ

深紙皿帽 (P.17)
色紙をちぎって貼って模様を付けよう！

封筒帽 (P.18)
ひげや鼻を立体にするとインパクトが出ます。

動物・架空の生き物 ネコ

紙袋帽 (P.17)

ボトルキャップの目や、円柱の鼻や
モールのひげで存在感を。

ベルト (P.14)

スズランテープの
ひげがかわいい！

ブタ

特徴的な鼻を
工夫してみましょう。

押さえたい 特徴

- 三角の耳
- 大きな鼻の穴二つ

もんだ色画用紙で線を包めば、存在感のあるブタ鼻に！

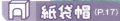 ベルト (P.14)

実際の鼻の高さにブタ鼻を付けるとおもしろい！

製作のポイント

鼻の縁に木工用接着剤をしっかりと付けてから、フラワーペーパーの面にも付けて貼ると、接着強度が増します。

紙袋帽 (P.17)

大きな鼻がインパクト大！

製作のポイント

鼻は、厚紙の上に綿をのせ、カラーポリ袋で包んでいます。

 紙パック帽 (P.19)

動物・架空の生き物　ブタ

鼻は色画用紙の円柱で。

アレンジ

四角柱を鼻にして、ストローで牙を表現すればイノシシの完成！

クルンとしたモールを付けてブタのしっぽに！

四角ベルト (P.15)

製作のポイント
カップ麺容器を新聞紙で包み、その上にちぎった色画用紙を重ねながらのりで貼りましょう。

色画用紙をちぎって貼るのが楽しい♪

色画用紙の円柱にフラワーペーパーを詰めて鼻に。

カップ麺容器帽 (P.17)

模造紙帽 (P.18)

29

ウサギ

フラワーペーパーや毛糸を使うと、
ウサギの毛並みも表現できます。

押さえたい **特徴**  長い耳

製作のポイント
毛糸を貼るときは、色画用紙に木工用接着剤を塗り、毛糸をパラパラと掛けましょう。

毛糸を使うことで、
ウサギの
毛並らしく♪

🟠 ベルト (P.14)

フラワーペーパーを
たくさん貼って、
フワフワの耳に♪

🟣 カチューシャ (P.14)

モールのひげが かわいい！

🟢 筒型帽 (P.16)

作り方

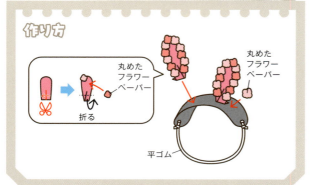

丸めたフラワーペーパー / 折る / 丸めたフラワーペーパー / 平ゴム

動物・架空の生き物　ウサギ

ペーパー芯を半分にしてそのまま耳に!

四角ベルト (P.15)

耳の根元を折って土台に差し込んで立体的に。

紙パックお面 (P.19)

耳に柄色紙を貼るだけでかわいさUP!

封筒帽 (P.18)

作り方

ハサミ

折る

差し込んで貼り留める

油性ペン
丸シール

カラー布テープを貼った紙パックお面

柄色紙

裏に貼る

31

ウマ

立体的な帽子にも挑戦してみましょう。

押さえたい **特徴** / 長い顔 / たてがみ

アレンジ

色を変えると、ロバに！たてがみは、色画用紙に切り込みを入れて、互い違いに開いて貼ると安定します。

発展

🎀 ベルト (P.14)

画用紙を格子状にして作っているので丈夫！

作り方

保育者が画用紙で骨組みを作る

毛糸を貼る

✂ 切り込みを入れて交互に折る

ベルト / 輪ゴム

四角く切った色紙を水で薄めた木工用接着剤に付けて貼る

パンチ穴 / 平ゴム

動物・架空の生き物 ウマ

🎩 ベルト (P.14)

色画用紙に切り込みを
入れるとたてがみに！

作り方

2枚を合わせて
ホッチキスで留める

白い絵の具
を指で塗る

🎩 ベルト (P.14)

たてがみは、
穴に毛糸を通して結んで。

33

ヤギ

一部に柔らかい素材を使うと、ヤギらしくなります。

押さえたい **特徴**

ツノと耳を付けるだけで完成！

深紙皿帽 (P.17)

フワフワの線を付けると、更にヤギらしく！

切り貼りで好きな表情のヤギを作ろう！

ベルト (P.14)　　紙パックお面 (P.19)

動物・架空の生き物　ヤギ

ヤギの絵を描いて、最後に線でヒゲを付けよう♪

毛糸のヒゲがアクセントに♪

🟦 四角ベルト (P.15)

🟫 筒型帽 (P.16)

緩衝材を使うと、毛糸や綿と違った雰囲気に。

製作のポイント
緩衝材を貼るときは、木工用接着剤を使いましょう。

🟧 カチューシャ (P.14)

アレンジ

クリーム色と白色の毛糸を混ぜるとかわいいです。

35

ヒツジ

ヒツジのモコモコのイメージは、様々な素材で表現できます。

押さえたい特徴

- くるくるのツノ
- モコモコの毛

白い紙袋に好きなように綿を貼ってみよう！

🛍 **紙袋帽** (P.17)

グルグル巻いた毛糸を頭にたくさん貼るのが楽しい！

🍜 **深紙皿帽** (P.17)

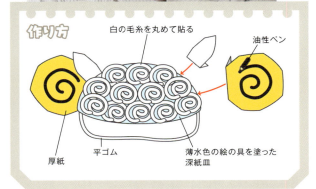

作り方
- 白の毛糸を丸めて貼る
- 油性ペン
- 厚紙
- 平ゴム
- 薄水色の絵の具を塗った深紙皿

ペーパー芯を貼り付けて、ボリューミーに！

🥫 **筒型帽** (P.16)

動物・架空の生き物 **ヒツジ**

顔の周りの緩衝材がかわいい！

おでこにフワフワの線を貼って♪

ベルト (P.14)

ベルト (P.14)

筒の先に切り込みを入れて、巻くのも楽しい！

作り方

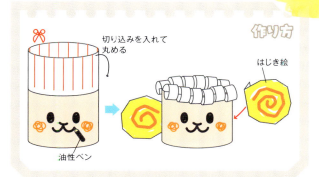

筒型帽 (P.16)

クマ

茶色だけでなく、好きな色を選んで
クマを作ってもいいですね。

押さえたい特徴

- 丸くて小さめの耳
- 鼻周り

筒型帽をそのまま顔に。
柄色紙のほっぺが
アクセントに！

🛢 **筒型帽** (P.16)

口の周りに紙皿を使うと、
クマらしさUP！

🏛 **模造紙帽** (P.18)

色画用紙を
ちぎり絵のように
貼るのを楽しもう♪

📦 **紙パックお面** (P.19)

製作のポイント

紙コップを貼るときは、
木工用接着剤を使いましょう。

動物・架空の生き物 クマ

パスと色紙を組み合わせてクマに。

🟪 筒型帽 (P.16)

ペーパー芯にフラワーペーパーを詰めて目に。

紙袋帽 (P.17)

製作のポイント
鼻と口は、厚紙に綿をのせ、ポリ袋で包んでいます。

ポリ袋を使うとツヤっとしてかわいい！

 深紙皿帽 (P.17)

39

トラ

縞模様がどこに入っているか、子どもと話し合いながら作れると良いですね。

押さえたい **特徴**

体の模様

筒型帽 (P.16)

鼻周りにフラワーペーパーを使って立体的に。

紙袋帽 (P.17)

耳や鼻周りにフェルトを使うと、優しい印象のトラに。

製作のポイント
鼻はボトルキャップを色紙で包んでいます。

動物・架空の生き物 **トラ**

🎃 **紙パック帽** (P.19)

耳にキラキラ色紙を使うと
華やかに！

🏠 **模造紙帽** (P.18)

耳に片段ボールを使って
アクセントに。

作り方

- キラキラ色紙
- マスキングテープ
- ポリ袋にティッシュペーパーを詰める
- 平ゴム

41

タヌキ

特徴的な目の周りと、
耳の作り方を工夫すると個性が出ます。

押さえたい **特徴**

目の周りの色が違う

耳を輪っかにすると個性的！

🗂 クラフト紙帽 (P.18)

茶色の紙コップでれくてかわいい耳に♪

📦 紙パックお面 (P.19)

作り方
- 色を塗るか色紙を貼る
- ホッチキスで留める
- 紙コップを半分に切る
- 裏に貼る
- 丸シール
- 丸めたフラワーペーパー
- ボトルキャップ

葉をのせるなど、アレンジしても♪

⬭ ベルト (P.14)

動物・架空の生き物 **タヌキ**

オレンジのカラーポリ袋を使って鮮やかに！

作り方
カップ麺容器をカラーポリ袋で包む → 切り込みを入れずらして貼る
ボトルキャップ（黒）　平ゴム

カップ麺容器帽 (P.17)

紙袋を絵の具で塗って、ボンテンの鼻をアクセントに！

紙袋帽 (P.17)

耳に柄色紙を使うと、一味違った印象に。

筒型帽 (P.16)

キツネ

長い鼻の表現を
工夫してみましょう。

押さえたい 特徴

- とがった耳
- とがった顔の先に鼻

巻いたヒゲや、片段ボールの目が個性的！

封筒帽 (P.18)

色画用紙で作った長い鼻が、本物らしいキツネに！

作り方

- カップ麺容器
- ちぎった色画用紙を、水で薄めた木工用接着剤に付けて貼る
- 折って円錐形を作る
- 切り込みを入れる
- 毛糸
- 平ゴム
- ボトルキャップを色画用紙で包む

カップ麺容器帽 (P.17)

動物・架空の生き物　キツネ

とんがり帽の形が、キツネの鼻にぴったり！

紙コップの鼻とストローのヒゲで存在感UP！

とんがり帽 (P.16)

製作のポイント
ストローを貼るときは、ストローの端を木工用接着剤で埋めるように付けることで取れにくくなります。

模造紙帽 (P.18)

柄色紙を使うと、シンプルでもポップな印象に！

ベルト (P.14)

動物・架空の生き物 リス

作り方

紙コップ → 絵の具で塗る → ビニールテープ

カップ麺容器を カラーポリ袋で包む

平ゴム

カラーポリ袋で包んで、ビニールテープを貼ると簡単！

カップ麺容器帽 (P.17)

クラフト紙を使うとリスらしい色に！柄色紙の縞模様で華やかに♪

封筒の色を生かして、好きなように切り貼りしよう♪

封筒帽 (P.18)

クラフト紙帽 (P.18)

47

ライオン

茶色以外に少し明るい色味を入れると、華やかなライオンに。

押さえたい特徴
- かっこいいたてがみ
- 太い鼻筋

紙袋帽 (P.17)

製作のポイント
鼻にはペーパー芯を使っています。

ピンクや水色の片段ボールも使うと明るい印象に！

模造紙帽 (P.18)

製作のポイント
たてがみは、保育者が紙の目に沿って少し切り込みを入れ、子どもが手でちぎりましょう。

色画用紙を巻いて貼ると、動きのあるたてがみに！

動物・架空の生き物 ライオン

🎩 **紙袋帽** (P.17)

毛糸のたてがみが
本格的!

👑 **ベルト** (P.14)

製作のポイント
ストローはセロハンテープ
でしっかりと貼りましょう。

柄付き紙皿と色とりどりの
ストローでポップに！

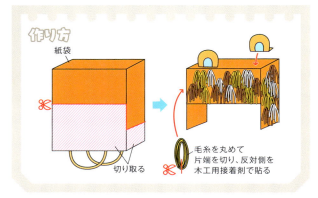

作り方
紙袋
切り取る
毛糸を丸めて
片端を切り、反対側を
木工用接着剤で貼る

ネズミ

灰色の他に、薄水色や薄紫色を使うとかわいいネズミになります。

押さえたい特徴

丸い耳
鼻の近くからひげ

ヒゲを階段折りにすると、動きが出ます。

🏛 **模造紙帽** (P.18)

色画用紙を三角錐にして貼ると、突き出た鼻に！

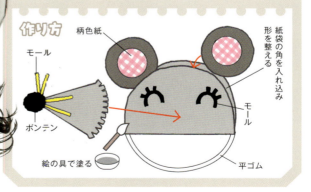

作り方
モール / 柄色紙 / ポンテン / 絵の具で塗る / 紙袋の角を入れ込み形を整える / モール / 平ゴム

🛍 **紙袋帽** (P.17)

動物・架空の生き物 ネズミ

小さい紙皿をそのまま耳にすると簡単！

ベルト (P.14)

フラワーペーパーをこよりにしてヒゲに！

※紙袋の角を折り込み、形を整えています。

紙袋帽 (P.17)

製作のポイント
細長くちぎった色画用紙をヒゲにしています。

鼻のボトルキャップを包む色画用紙を薄オレンジ色にするだけで、かわいい雰囲気に！

ベルト (P.14)

51

ウシ

白黒以外の色を使ってウシ柄を表現しても良いですね。

押さえたい特徴: 横に伸びる耳 / 体の模様

🎩 **筒型帽** (P.16)

柄色紙や片段ボールなどの異素材をプラスして♪

🎩 **紙袋帽** (P.17)

ピンクの耳やウシ柄でかわいらしく♪

動物・架空の生き物 ウシ

製作のポイント
色画用紙をちぎって貼って模様にします。

紙パック帽 (P.19)
黒い大きな耳が印象的！

ベルト (P.14)
ツノを柄色紙にすると、楽しい雰囲気に。

ニワトリ

赤いとさかの表現で個性を出しましょう。

押さえたい **特徴**

赤いとさか

色画用紙を巻いた突き出たくちばしが印象的！

発展 土台なし

作り方
フラワーペーパー
紙パック / 平ゴム / 巻いて貼る

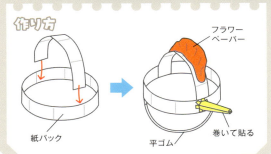

フラワーペーパーをフワッとさせながら貼ると、存在感のあるとさかに。

模造紙帽 (P.18)

作り方
模造紙帽 / 丸めたフラワーペーパー / 平ゴム / 折る

赤い色画用紙を蛇腹にしたとさかが目を引く！

製作のポイント
フラワーペーパーをちぎって木工用接着剤で貼ると、ニワトリの羽らしくなります。

深紙皿帽 (P.17)

他のトリ

簡単に作れる羽も紹介します。

押さえたい特徴 くちばし

大きなくちばしを貼ると白鳥に！

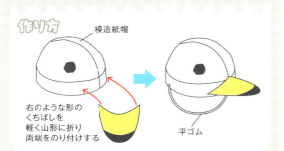

動物・架空の生き物 ニワトリ・他のトリ

模造紙帽 (P.18)

フラワーペーパーを貼ると、フワフワしたヒヨコに。

模造紙帽 (P.18)

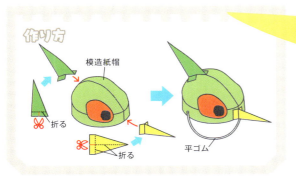

目の周りに赤い色画用紙を貼って、キジに！

模造紙帽 (P.18)

とっても簡単！羽の衣装

ポリ袋で

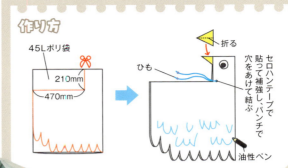

作り方
- 45Lポリ袋
- 210mm
- 470mm
- ひも
- 折る
- セロハンテープで貼って補強し、パンチで穴をあけて結ぶ
- 油性ペン

不織布で

作り方

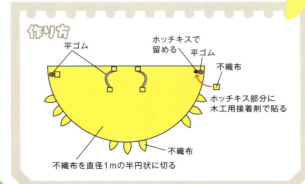

- 平ゴム
- ホッチキスで留める
- 平ゴム
- 不織布
- ホッチキス部分に木工用接着剤で貼る
- 不織布
- 不織布を直径1mの半円状に切る

ゾウ

長い鼻やパタパタ動く耳を表現してみましょう。

押さえたい特徴
- 長い鼻
- 大きな耳

動物・架空の生き物 ゾウ

アレンジ
円柱を縦につなげてみるなど、組み合わせ方を好きなように変えて鼻を作ってみましょう。

製作のポイント
目には、土台の青色と同系色のおかずカップを使うと、かわいいです。

円柱を組み合わせて、好きなように鼻の形を作ろう！

筒型帽 (P.16)

鼻にワイヤーを入れて、動きを付けられるのが楽しい！

紙袋帽 (P.17)

作り方

紙袋／柄入り紙コップ／スズランテープ／絵の具で塗る／ワイヤーを入れて保育者が模造紙を丸める／ワイヤー

作り方

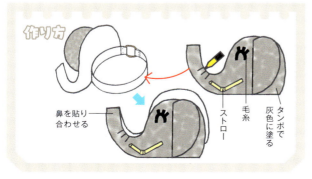

鼻を貼り合わせる／毛糸／ストロー／タンポで灰色に塗る

タンポで灰色に塗ると、ゾウらしい質感に！

ベルト (P.14)

ワニ

迫力のある大きな口の作り方を工夫してみましょう。

押さえたい特徴　大きな口と牙

🏠 **模造紙帽** (P.18)

手持ちの口は、ガブリと口を閉じるワニを表現できる！

作り方
- 紙パック2本を縦に切る（底は切らずに残しておく）
- 模造紙を貼る
- 片段ボール
- ひもで結ぶ
- フェルトを貼る

口の中は、オレンジ色の色画用紙を貼っています。

🏠 新聞紙帽 (P.18)

新聞紙帽に紙パックを付けて、大きな口に!

🔷 とんがり帽 (P.16)

とんがり帽の先を円く切り、牙を付けるとワニに。

カメ

カメは、かぶりものにプラスして、
甲羅を背負うことがポイントです。

押さえたい **特徴** — 甲羅

クレープ紙で深紙皿を包めば、変わった質感に！

段ボール板に好きなように甲羅を描いてみよう。

🍃 深紙皿帽 (P.17)

作り方

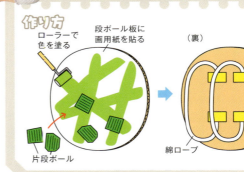

- ローラーで色を塗る
- 段ボール板に画用紙を貼る
- 片段ボール
- （裏）布テープ
- 綿ロープ

🎩 模造紙帽 (P.18)

作り方

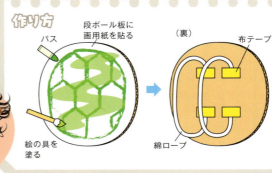

- パス
- 段ボール板に画用紙を貼る
- 絵の具を塗る
- （裏）布テープ
- 綿ロープ

ヘビ

かぶりものと手持ちの
ヘビを紹介します。

押さえたい 特徴

長い体と長い舌

手持ちにして、パクリと獲物を逃さない、大きな口を表現！

動物・架空の生き物　カメ・ヘビ

リボンの舌を付けるだけで、ヘビに変身！

模造紙帽 (P.18)

作り方

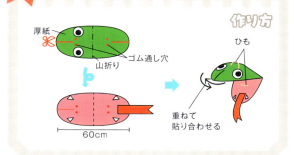

厚紙／山折り／ゴム通し穴／ひも／重ねて貼り合わせる／60cm

作り方

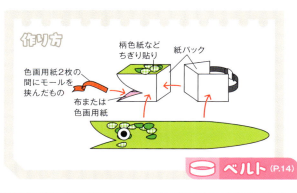

柄色紙などちぎり貼り／紙パック／色画用紙2枚の間にモールを挟んだもの／布または色画用紙

ベルト (P.14)

紙パックに色画用紙を貼って、立体的なヘビに！

61

海の生き物

形も色も様々な海の仲間たち。
鮮やかな色を意識すると、華やかに。

押さえたい特徴
- 吸盤のついた足
- 体から離れた目とはさみ
- うろこのついた体

大きな目とキラキラ色紙で存在感を出そう！

ベルト (P.14)

鰭は一辺だけのり付けすると、ヒラヒラ揺れてきれい！

お菓子箱を色画用紙で包み、ストローを目に。

封筒帽 (P.18)　　四角ベルト (P.15)

アリ

真っ黒なアリも、素材次第で印象が変わります。

押さえたい **特徴**

- 触覚
- 黒い体

製作のポイント
紙皿をバスで塗ったら、色留めとしてベビーパウダーをかけましょう。

 ベルト (P.14)

曲がるストローの触覚がかわいい♪

ポリ袋で紙皿を包んだら、クルクル巻いたモールを貼って♪

 深紙皿帽 (P.17)

新聞紙を黒く塗って、黒いモールで触覚を貼ればアリに！

 新聞紙帽 (P.18)

64

ハチ

かぶりものに大きな羽をプラスすると、インパクト大！

押さえたい特徴
- 触覚
- 縞模様

動物・架空の生き物　アリ・ハチ

紙コップの底を目にすると、印象的に！

縞模様を描いて羽を付けたら、ブンブンとハチの音が聞こえてきそう！

🟠 **カップ麺容器帽** (P.17)

🔷 **とんがり帽** (P.16)

作り方

色画用紙でカップ麺容器を包んで貼る

ストローの先を切り開いて貼る

紙コップ

平ゴム

とっても簡単！羽の衣装

羽の形に折り曲げたワイヤーに透明のポリ袋を貼れば、大きなハチの羽に！

作り方

まとめたワイヤーをフェルトでカバーする

ワイヤーに透明のポリ袋をセロハンテープで貼る

油性ペン

平ゴム

クルンとしたモールの触覚がかわいい。ベルトにもキラキラ色紙を貼って。

🟠 **ベルト** (P.14)

65

チョウ

ポリ袋の羽をプラスすると、ヒラヒラとしてかわいい！

押さえたい特徴

- 触覚
- 華やかな羽

切った色紙を好きなように貼ってみよう。

製作のポイント
触覚は、二色のモールを巻いています。

 筒型帽 (P.16)

アルミホイルで作った触覚がキラキラとしてかわいい！

深紙皿帽 (P.17)

作り方

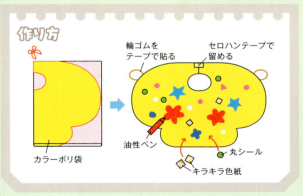

- カラーポリ袋
- 輪ゴムをテープで貼る
- セロハンテープで留める
- 油性ペン
- 丸シール
- キラキラ色紙

 **とっても簡単！羽の衣装**

ポリ袋に好きな模様を描きましょう。

カッパ

カッパはどんなお皿を頭にのせているか、想像しながら作ってみましょう。

押さえたい **特徴**

- 頭の皿
- 甲羅

発展 **紙パック帽** (P.19)

紙パックを開いて星型に!

作り方
- 紙パック2本分をつなげカラー布テープを貼って切る
- 輪にして端を布テープで留める
- 三角の部分を外側に折る
- ビニールテープ

動物・架空の生き物　チョウ・カッパ

発展 **土台なし**

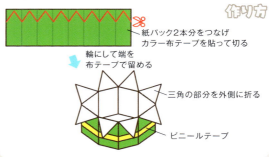

作り方
- 紙皿(裏)にフラワーペーパーをちぎって貼る
- セロハンテープの芯を木工用接着剤で貼る
- 色画用紙を縁に貼る
- 平ゴム

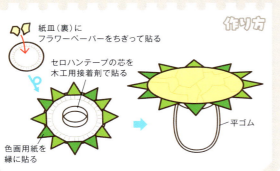

紙皿をテープ芯にのせて高さを出すと、かっぱらしさが出ます。

甲羅を背負えばカッパに変身!
※甲羅の作り方はP.60参照。

67

ドラゴン

複数人で完成させるドラゴンのアイディアも紹介します。

押さえたい特徴
- 長いひげ
- 長い体
- 突き出た口

大きな口は紙パックで、長いヒゲはモールで表現♪

紙袋帽 (P.17)

作り方

- 10cm／紙パックを2面残して切り取る
- 白い紙を木工用接着剤で貼る
- 紙袋の角を折り込んで形を整える
- ホッチキスと木工用接着剤で留める
- モール
- 絵の具で塗る
- 平ゴム

動物・架空の生き物 ドラゴン

箱を付ければ、大迫力の突き出た口に！

四角ベルト (P.15)

みんなで大きなドラゴンに大変身！

体と尻尾を作って、みんなで並ぶと、ドラゴンの長い体も表現できますね。ドラゴンの体に、三角形に切った色紙をたくさん貼って、鱗のようにしても良いでしょう。

作り方　色画用紙 貼る　片段ボール　ゼリーの空き容器　木工用接着剤で　丸シール　ティッシュの空き箱に色画用紙を貼る　毛糸を束ねて木工用接着剤で貼る

69

オニ

オニの髪の毛やツノなどは、個性の光るポイントです。

押さえたい特徴
- ツノ
- 巻き毛

紙皿にスズランテープを好きなように巻いてみよう。

🥢 ベルト (P.14)

切ったおかずカップがオニの髪の毛に！ヒラヒラしてかわいい♪

🥢 カチューシャ (P.14)

作り方

- 切り込みを入れ、折り起こす
- 平ゴム
- おかずカップを切り、貼る

作り方

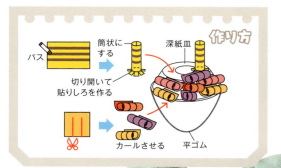

- パス
- 筒状にする
- 切り開いて貼りしろを作る
- カールさせる
- 深紙皿
- 平ゴム

色画用紙をカールさせて、クルクル髪のオニに♪

🥣 深紙皿帽 (P.17)

動物・架空の生き物 オニ

ちぎって貼った色紙の模様に個性が出ます♪

作り方
- ラップ芯
- 新聞紙で覆い、肉付けする
- カラー布テープを巻く
- キラキラテープ

模造紙帽 (P.18)

金棒をプラス

いろいろな色のフラワーペーパーを丸めて貼って、カラフルに。

筒型帽 (P.16)

金棒をプラス

毛糸の髪の毛で柔らかい印象に♪

※紙袋の角を折り込み、形を整えています。

紙袋帽 (P.17)

作り方

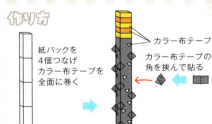

紙パックを4個つなげカラー布テープを全面に巻く

カラー布テープ
カラー布テープの角を挟んで貼る

しっぽ

かぶりものにプラスして尻尾を付けると、更に役になり切れます。いろいろな尻尾の作り方を紹介します。

クマ 毛糸のポンポンで

キツネ 毛糸を結んでつなげて

クマ 作り方

毛糸を板状（10cm）のものに50巻きする
中央を束ねる
両端を切る
軽くしごいて丸くする

キツネ 作り方

30cmの毛糸を5本束にして、1cm間隔で毛糸①にくくっていく
毛糸①の先に5本束の毛糸をくくる
毛糸①

トラ 作り方

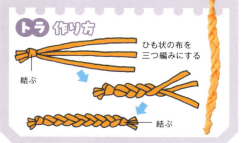

ひも状の布を三つ編みにする
結ぶ
結ぶ

動物・架空の生き物 しっぽ

トラ
布やフェルトを三つ編みにして

ライオン
布に綿を詰めて

サル
傘袋にフラワーペーパーを詰めて

ライオン 作り方
- 布をしっぽの形に縫う
- ひっくり返す
- 綿を詰める
- 入り口を縫って留める

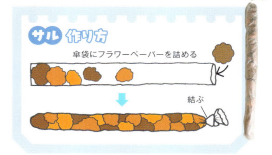

サル 作り方
- 傘袋にフラワーペーパーを詰める
- 結ぶ

人物・他

多くの名作・昔話などに登場する役柄を集めました。作り方を参考にしながら、お話に合わせてアレンジを加えてみてください。

その人物が身に着けている象徴的なアイテムを、それぞれに幾つか紹介しています。全て作っても良いですし、子どもが興味や関心をもっている物を選んで作っても良いですね。

作り方の表記について

特に表記のない紙は、(色)画用紙	
貼る ⌒→	切る ✂—
描く ✎	裏返す

王子様・王様

作り方 P.79

王冠

紙コップの小さなサイズ感がとってもかわいい!

色画用紙を
フワッとした形で
接着することで、
本物らしい王冠の形に!

人物・他 王子様・王様

レースペーパーに、切ったキラキラ色紙を宝石みたいに貼ろう♪

カラフルなボンテンで、ポップな印象に。

キラキラのアルミホイルと、フワフワの綿でゴージャスに!

作り方　王冠・剣・ベルト　(P.76〜P.78)

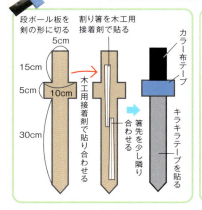
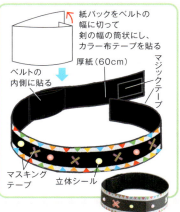
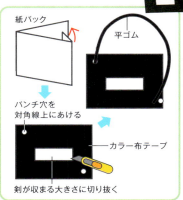

人物・他 お姫様・女王様

レースペーパーの形を生かしながら、キラキラ色紙で装飾しよう。

モールを好きなように曲げて、ティアラの形を作ってみよう。

中央のキラキラ色紙がアクセントに！

アクセサリー

作り方 P.88

金色の厚紙で華やかに！

紙粘土を丸めた大振りな球で、存在感を。

装飾したスチロール容器を曲げ、内側に輪ゴムを貼るとバングルに！

お姫様や女王様は、どんなアクセサリーを身に着けているか、想像しながら作ると楽しい！

人物・他 お姫様・女王様

ボトルキャップに素材を詰めると、大きな指輪に！

ゼリーカップにカラーセロハンを入れて、宝石みたいに♪

ペーパー芯にアルミホイルを巻いて、キラキラ色紙で飾ろう。

ティアラにアクセサリーをプラスすると、更にお姫様や女王様になり切れる♪

83

人物・他 お姫様・女王様

ガチャポンケースに透明色紙などを入れるときれい！

ゼリーカップにフラワーペーパーを詰めてバラのように。

sparkling

sweet

作り方 ティアラ (P.80〜P.81)

基本のベルトの作り方

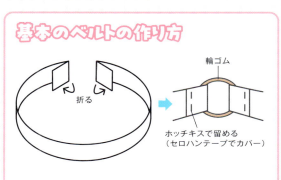

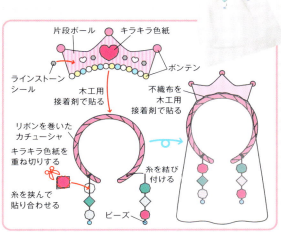

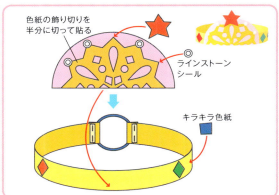

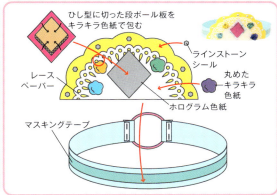

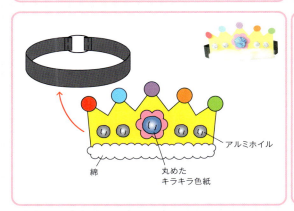

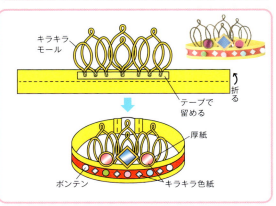

作り方 アクセサリー (P.82～P.83)

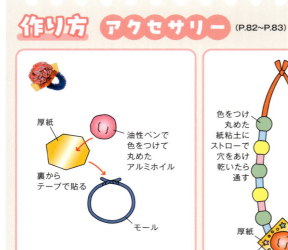
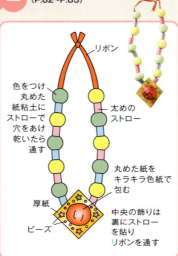

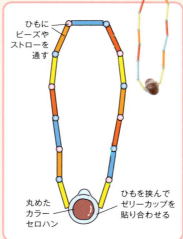
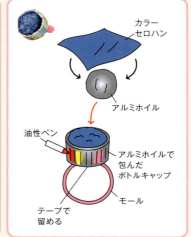

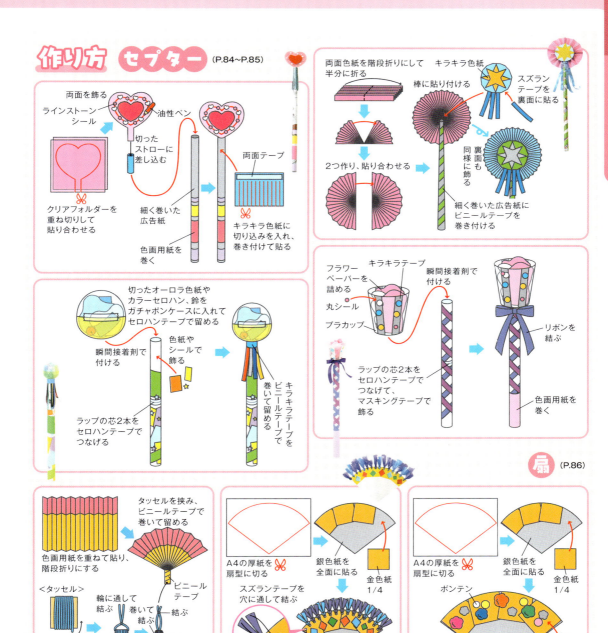

王子様&王様・お姫様&女王様
よりゴージャスにしたいときの +α

作り方 P.92

王子様

お姫様

後ろ姿はこんな感じ!

マント
保育者が不織布やポリ袋にゴムを通し、子どもが好きなように装飾すれば完成！

サッシュ
不織布に色画用紙を貼ると、丈夫なサッシュに！

人物・他 王子様・王様／お姫様・女王様

セプター

片段ボールを巻いてキラキラテープを貼った棒に、切り紙で作った星を付けるとセプターに。

アレンジ
モールで星形にしてもいいですね。

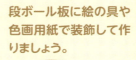

椅子

段ボール板に絵の具や色画用紙で装飾して作りましょう。

王様

女王様

後ろ姿はこんな感じ！

作り方 マント・サッシュ・セプター・椅子 (P.90〜P.91)

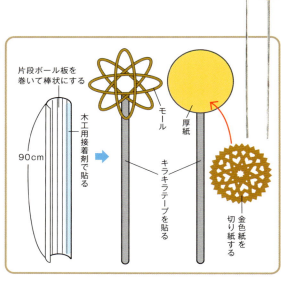

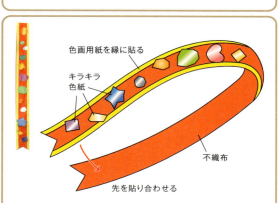

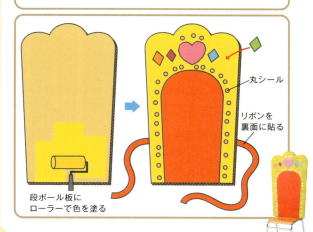

なり切っちゃおう！

洋風の家来

好きな アイテムを 作ってみよう♪
やり
上衣
ラッパ など

上衣

製作のポイント

保育者が、不織布に頭が通る大きさの穴をあけ、お話に合わせて子どもが模様などを付けて飾りましょう。

やり

製作のポイント

段ボール板にキラキラテープを貼って、するどい矛先を表現!

ラッパ

製作のポイント

ラップ芯を軸に、円錐状に巻いた色画用紙を付けて、ラッパの形を作りましょう。

二つ折りにした不織布
50cm
30cm
クレープ紙
不織布を貼り合わせる
厚紙

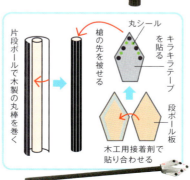

片段ボールで木製の丸棒を巻く
丸シール
槍の先を被せる
キラキラテープを貼る
段ボール板
木工用接着剤で貼り合わせる

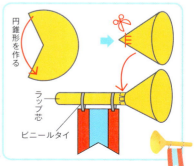

円錐形を作る
ラップ芯
ビニールタイ

人物・他 洋風の家来

お殿様

好きなアイテムを作ってみよう♪

冠
着物

※モデルが着用しているのは、一番大きなサイズです。

斜線部分を縫い合わす
布
シールなど

保育者が作る 着物

製作のポイント
子どもがICTでどのような家紋があるのかを調べて好きな紋を作ってみてもいいでしょう。切り紙やスタンプで個性を出してもいいですね。

冠

布で作る簡単着物です。一着あれば長く使える優れ物です。

545mm 模造紙
812mm

半分に折り筋を付け折り筋に向かって折る

上の1枚だけ2回折る

真ん中に向かって折る

折り筋を付け下部を入れ込む

上部を内側に折り込み木工用接着剤で貼って成形する

ペーパー芯＋黒色画用紙
厚紙
平ゴム
パンチ穴

94

和風のお姫様

好きな
アイテムを
作ってみよう♪

冠
扇
着物
髪飾り など

冠

製作のポイント
冠の形を確認しながら、厚紙を切ってみましょう。

保育者が作る 着物

布で簡単に作れる優れ物。華やかで舞台映えします。

扇

製作のポイント
アイスの棒の骨組みが本物らしい！和柄の色紙や和紙などで好きなように模様を貼りましょう。

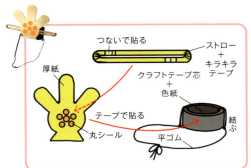

つないで貼る
ストロー＋キラキラテープ
厚紙
クラフトテープ芯＋色紙
テープで貼る
丸シール
平ゴム
結ぶ

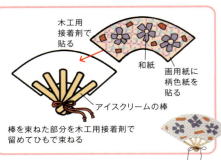

木工用接着剤で貼る
和紙
画用紙に柄色紙を貼る
アイスクリームの棒
棒を束ねた部分を木工用接着剤で留めてひもで束ねる

洋風のおじさん・おじいさん

好きなアイテムを作ってみよう♪

 おじさん 銃
 おじいさん ベスト 杖

銃

製作のポイント
保育者がパーツを用意しておき、子どもが完成を楽しみにしながら組み立てられるようにしましょう。

おじさん(猟師)

ベスト
保育者が作る

おじいさん

製作のポイント
保育者が杖の形を作り、子どもが色塗りをしましょう。

杖

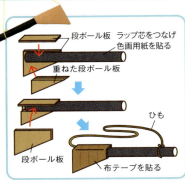

段ボール板　ラップ芯をつなげ色画用紙を貼る
重ねた段ボール板
ひも
段ボール板
布テープを貼る

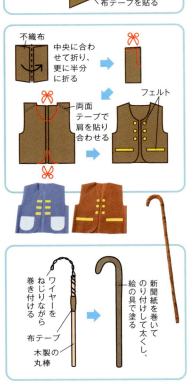

不織布
中央に合わせて折り、更に半分に折る
両面テープで肩を貼り合わせる
フェルト

ワイヤーをねじりながら巻き付ける
布テープ
木製の丸棒
新聞紙を巻いてのり付けして太くし、絵の具で塗る

洋風のおばさん・おばあさん

好きなアイテムを作ってみよう♪

 おばさん
 おばあさん　スカーフ

人物・他 洋風のおじさん・おじいさん／洋風のおばさん・おばあさん

保育者が作る　スカーフ

スカーフにベルトを付けて、子どもが自分でかぶれるようにします。

おばさんはスカーフを肩にかければ完成♪

おばさん

おばあさん

杖

杖の作り方は、P.100を参照してください。

バンダナ／両面テープで貼る／ベルト／結ぶ

洋風の子ども

好きなアイテムを作ってみよう♪

- ベスト
- ポシェット

保育者が作る
ベスト

ベストの作り方は、P.100を参照してください。

お菓子箱で

- パンチで穴をあけリボンを結ぶ
- 空き箱
- 柄色紙をパッチワーク模様に貼る

ポシェット

製作のポイント
貼り合わせたフェルトや封筒、お菓子箱など、入れ物にできる土台を用意し、好きな素材を使って飾り付けましょう。

封筒で

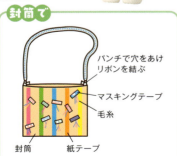
- パンチで穴をあけリボンを結ぶ
- マスキングテープ
- 毛糸
- 封筒
- 紙テープ

フェルトで

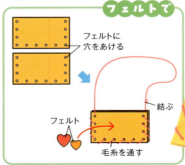
- フェルトに穴をあける
- 結ぶ
- フェルト
- 毛糸を通す

魔女

好きな アイテムを 作ってみよう♪

人物・他 洋風の子ども／魔女

帽子

製作のポイント
保育者が三角帽とつばを作ります。子どもが三角帽に切り込みを入れてのりでつばに貼り合わせます。ベルトも作りましょう。

杖

製作のポイント
新聞紙を丸めたりねじったりして、杖の形を作ることを楽しみましょう。

新聞紙で形を作る

ペーパー芯を差し込む
※細くする場合は縦に切り込みを入れたペーパー芯を木工用接着剤で貼る

もんだ色画用紙を木工用接着剤で貼る

マント（保育者が作る）

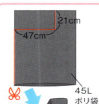

47cm / 21cm
45Lポリ袋
リボン / テープ留め

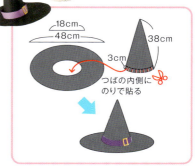

18cm / 48cm / 38cm / 3cm
つばの内側にのりで貼る

人物・他 海賊の船長・子分

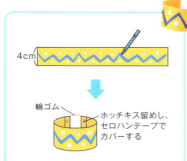

保育者が作る ベスト

ベストの作り方は、P.100を参照してください。

保育者が作る バンダナ

ベルトを付けた
バンダナなので、
子どもが自分で
かぶれます。

バンダナの作り方は、P.101の
スカーフの作り方を参照してください。

剣

製作のポイント
保育者が段ボール板で形を作ります。持ち手のカラー布テープや、刃のキラキラテープを子どもが貼りましょう。

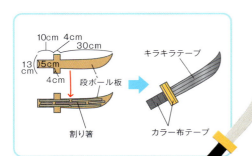

バンド

製作のポイント
色画用紙に好きな柄を描きましょう。

力持ち

好きなアイテムを作ってみよう♪

- はちまき
- 数珠の首飾り

保育者が作る
はちまき

子どもたちがすぐにかぶって遊べるように、布をねじってから端を結んで形状を整えるか、シュシュにして、伸び縮みが可能なようにします。

ねじって結ぶ

シュシュタイプ

首飾り

製作のポイント
大振りにすると、力持ちのイメージが強調されます。

布をねじって輪にする / 結ぶ / まつって閉じる / 布を結ぶ / 縫い付ける / 筒状にした布 / 平ゴム

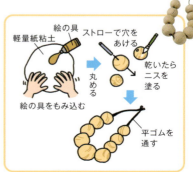

軽量紙粘土 / 絵の具 / ストローで穴をあける / 丸める / 乾いたらニスを塗る / 絵の具をもみ込む / 平ゴムを通す

106

和風のおじいさん おばあさん

好きなアイテムを作ってみよう♪

おじいさん / おばあさん
手ぬぐい・背負い子と柴・羽織・杖・斧

人物・他 力持ち／和風のおじいさん・おばあさん

保育者が作る 手ぬぐい

ベルト付きの手ぬぐいです。子どもが自分でかぶれます。

手ぬぐいの作り方は、P.101のスカーフの作り方を参照してください。

羽織

製作のポイント
保育者がフェルトで羽織の形を作り、子どもがはぎれを貼りましょう。

斧

杖

杖の作り方は、P.103を参照してください。

背負い子と柴

斧
- 厚紙を被せるように貼る
- ラップ芯をつなげて色画用紙を貼る
- 両面テープで貼り合わせ上からキラキラテープを貼る

羽織
36cm / 43cm / 12cm / 43cm / 7cm / 11cm
両端を布用両面テープで貼る
はぎれ

背負い子と柴
- 綿テープを通して結ぶ
- 段ボール板に色画用紙を貼りカッターで切り込みを入れる
- 綿テープを通してクラフトテープを貼って留める
- 紙パックをつなげて色画用紙を貼る
- クラフト紙をねじって棒状にする

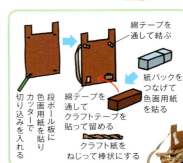

やまんば

好きなアイテムを作ってみよう♪

わしゃわしゃの髪
包丁
ボロボロの着物

かつら

製作のポイント
白色と灰色の2色の毛糸を使うとやまんばらしくなります。

着物
保育者が作る

後ろで束ねると雰囲気が出ます

砥石・包丁

製作のポイント
保育者が用意した材料に、子どもが色画用紙やキラキラテープを貼って組み立てて作れるようにしましょう。

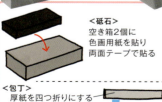

〈砥石〉
空き箱2個に色画用紙を貼り両面テープで貼る

〈包丁〉
厚紙を四つ折りにする
厚紙を被せるように貼る
色画用紙を貼る
キラキラテープを貼る

35cm
65cm
12cm
65cm
33cm
7cm
布用両面テープで両端を貼る
切り込みを入れる

半分に折った新聞紙
上の1枚だけ2回折る
上部を内側に折り込み木工用接着剤で貼って成形する
折り筋を付け下部を入れ込む
真ん中に向かって折る
束にした毛糸を両面テープで貼る

108

自然（雨・雪・火・波）

様々な**自然の姿**を表現してみましょう♪

いろいろな色のポンポンで、雨や炎、吹雪、大波になり切ってみよう！

炎
（赤・オレンジ）

吹雪
（白）

大波
（水色・白）

他のポンポンよりも10cm長くすることで、波の大きさを表現します。

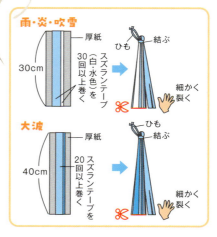

雨・炎・吹雪
30cm　厚紙　スズランテープ（白・水色）を30回以上巻く　→　ひも　結ぶ　細かく裂く

大波
40cm　厚紙　スズランテープを20回以上巻く　→　ひも　結ぶ　細かく裂く

110

人物・他 自然（雨・雪・火・波）

静かに降る雪

シンシン

手に持った小さなポンポンで優しく表現します。

迫る炎

メラメラ

炎が迫ってきているような描写のときは、上半身に被る衣装で表現すると臨場感があります。青色などにして、波などの表現にも応用できますよ。

雨の音

パラパラ

うちわを動かすと、ビーズがうちわに当たってパラパラと音がします。

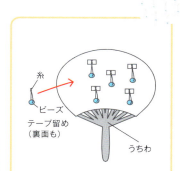

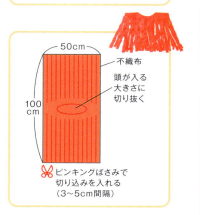

著 片岡章彦（かたおか ふみひこ）

大阪成蹊大学 准教授。
幼稚園に21年間務めた後、大学で保育者養成に携わる。
領域「環境」に関わる授業では、現場での経験を生かし、保育理論の解説とともに、学生自らが実体験を通して「考え・感じる」ことができる実践的なプログラムを展開している。

STAFF

本文デザイン	シラキハラメグミ
本文イラスト	とみたみはる、やまざきかおり
製作・作り方イラスト	いわいざこまゆ、おおしだいちこ、くるみれな、つかさみほ、とりうみゆき、降矢和子、みさきゆい、むかいえり
写真撮影	佐久間秀樹
モデル	クラージュキッズ（糸井葉音、越川椋喜、玉置紗愛、松永聖哉、的場結月、武藤凪）
編集協力	中井 舞・和田啓子 (pocal)、中西美里、中村聖子
校正	中井 舞 (pocal)
企画・編集	三宅 幸、北山文雄

簡単なのに華やかに！ 発表会のコスチューム
子どもと作る　かぶりもの＆アイテム

2024年10月 初版発行

著　者	片岡章彦
発行人	岡本 功
発行所	ひかりのくに株式会社

〒543-0001 大阪市天王寺区上本町3-2-14
郵便振替 00920-2-118855　TEL.06-6768-1155
〒175-0082 東京都板橋区高島平6-1-1
郵便振替 00150-0-30666　TEL.03-3979-3112
ホームページアドレス　https://www.hikarinokuni.co.jp

印 刷 所　大日本印刷株式会社

©FUMIHIKO KATAOKA 2024
乱丁、落丁はお取り替えいたします。

Printed in Japan
ISBN978-4-564-60976-3
NDC376　112P　21×19cm

本書のコピー、スキャン、デジタル化等の無断複製は著作権法上での例外を除き禁じられています。本書を代行業者等の第三者に依頼してスキャンやデジタル化することは、たとえ個人や家庭内の利用であっても著作権法上認められません。